坤益好時光理念為動物關懷，尊重及珍愛他（她）們的生命，提倡領養、收養、照護與一生陪伴，希望大家能有正確與正向的觀念及行為對待我們生活周遭的狗狗及貓咪們！

同 ㄊㄨㄥˊ
理 ㄌㄧˇ
心 ㄒㄧㄣ
一 ㄧ
生 ㄕㄥ

陪ㄆㄟˊ
伴ㄅㄢˋ

善ㄕㄢˋ
待ㄉㄞˋ

< 序 >

自從105年家裡開始養狗狗後，便常會注意到街角的流浪狗與流浪貓，在因緣際會下接觸到愛媽分享她們照顧流浪狗與流浪貓的經驗，以及從「坤益好時光」舉辦的毛小孩講座中受益良多知識。我想為流浪狗與流浪貓做些我能做的事，所以在107年10月「坤益好時光」第一本毛小孩教育繪本：「街角遇見浪浪」繪製完成，在新竹市狗狗運動會活動免費贈送，也贈送給新竹市學校浪浪社團、浪浪團體。

在我生活中常常聽到、看到狗狗或貓咪被不當對待，甚或被虐待，甚或被棄養，除了祈禱與祝福牠們被善待，碰到好心人幫助牠們外，我還能做甚麼！於是乎第二本教育繪本：「毛星人　不可不知生活事」出版販售，希望將正確與正向對待狗狗貓咪的觀念與行為宣傳給大小朋友。

108年10月我們將「街角遇見浪浪」增修出版販售，增加宣傳的廣度，當我們在街角遇見浪浪時，我們該怎麼做？能怎麼做？最終還是祈望大小朋友們都能有同理心，善待我們生活周遭的狗狗與貓咪們，能一生陪伴牠們、照護牠們。

小美，如果妳害怕狗狗，就若無其事的和狗狗擦身而過，不要奔跑、不要挑釁、不要去嚇或傷害牠們，狗狗才不會為了保護自己而攻擊妳。

狗狗能吃的食物，包括：

- 新鮮沒調味料，並且煮熟的肉
- 狗狗乾飼料
- 狗狗罐頭 / 狗狗零食

飼料

零食

狗狗不能吃的食物，包括：

- 骨頭 / 魚刺（這兩樣都會刺傷狗狗的口腔、食道、腸胃）
- 葡萄
- 櫻桃
- 巧克力
- 洋蔥

小美和媽媽帶乾淨的水，和媽媽燙熟的肉與飼料給狗狗們吃。
而且，小美和媽媽為了讓狗狗們安心吃東西，她們刻意保持一定距離等待狗狗們吃完。

WATER
WATER
WATER

小美和媽媽看著狗狗們吃完飯後，將環境收拾乾淨，開心的回家。

狗狗躲在屋簷避暑，請不要趕走牠們，可以提供乾淨的水給狗狗喝，也可以提供食物給牠們吃。

Coffee
Cake

狗狗在門外避雨，請不要趕走牠們，可以提供乾淨的水給牠們喝，也可以提供食物給牠們吃。

爸爸， 你看， 有貓咪， 好可愛！

小明， 貓咪水份的攝取大都來自食物，
所以我們拿貓咪罐頭給牠們吃。

Love

貓咪能吃的食物，包括：

- 新鮮沒調味料，並且煮熟的肉、無刺的魚肉
- 貓咪飼料
- 貓咪罐頭 / 貓咪零食

飼料

零食

貓咪不能吃的食物，包括：

- 骨頭 / 魚刺（這兩樣都會刺傷貓咪的口腔、食道、腸胃）
- 葡萄
- 櫻桃
- 巧克力
- 洋蔥

小明帶著貓咪罐頭和飼料給貓咪們吃，
並且耐心的在遠處等待貓咪們吃完。

看著貓咪們吃飽，小明好開心，將環境收拾乾淨後回家去‼

Love

狗狗有時候會躲在車底下，所以提醒大家，開車前請檢察一下喔!!

貓咪有時候會躲在車輪、 車底下或躲進引擎蓋內， 所以提醒大家， 開車前請檢察一下喔 !!

當我們看見狗狗或貓咪受傷，可以撥打1999給當地縣市政府，請政府的動物保護單位協助牠們就醫。

1999

或者， 我們可以自行帶牠去動物醫院就醫。

ANIMAL

我們想養狗狗或貓咪，可以到政府收容所去領養，並且要好好照顧牠們，陪伴牠們一輩子!!

街角遇見浪浪

出版者　　　坤益開發顧問有限公司
發行人　　　坤益開發顧問有限公司
執行編輯　　坤益開發顧問有限公司
地址　　　　300 新竹市民權路86巷15號2F
電話　　　　03-5338702
網址　　　　https://www.queen-i.com.tw
設計美編　　坤益開發顧問有限公司
版次　　　　初版
初版日期　　2019 年 10月

代理商　　　白象文化事業有限公司
地址　　　　401 台中市東區和平街228巷44號
代理商電話　04-22208589

ISBN 978-986-97584-1-3　定價　新台幣260元

QUEEN Management & Development Consultant CO, LTD.
坤 益 開 發 顧 問 有 限 公 司